Nihongo Factory

니홍고 팩토리

일본어 펜맨십

Nihongo Factory

[히라가나 청음 清音] 청음은 맑은 소리라는 뜻.

| あ | ー | 十 | あ | | | |
| 아 [a] | | | | | | |

| い | い | い | | | | |
| 이 [i] | | | | | | |

| う | ゛ | う | | | | |
| 우 [u] | | | | | | |

| え | ゛ | え | | | | |
| 에 [e] | | | | | | |

| お | ー | お | お | | | |
| 오 [o] | | | | | | |

か	つ	か	か			
카 [ka]						

き	ー	二	き	き		
키 [ki]						

く	く					
쿠 [ku]						

け	し	に	け			
케 [ke]						

こ	こ	こ				
코 [ko]						

[히라가나 청음 清音] 청음은 맑은 소리라는 뜻.

さ 사 [sa]	ー	さ	さ			

し 시 [si]	し					

す 스 [su]	ー	す				

せ 세 [se]	ー	す	せ			

そ 소 [so]	そ					

た
타 [ta]
一 ナ た た

ち
치 [chi]
一 ち

つ
츠 [tsu]
つ

て
테 [te]
て

と
토 [to]
丶 と

[히라가나 청음 清音] 청음은 맑은 소리라는 뜻.

な	一	ナ	ナ	な		
나 [na]						

に	l	に	に			
니 [ni]						

ぬ	l	ぬ				
누 [nu]						

ね	l	ね				
네 [ne]						

の	の					
노 [no]						

は	い	に	は			
하 [ha]						

ひ	ひ					
히 [hi]						

ふ	゛	ふ	ふ	ふ		
후 [hu]						

へ	へ					
헤 [he]						

ほ	い	に	に	ほ		
호 [ho]						

[히라가나 청음 清音] 청음은 맑은 소리라는 뜻.

| ま 마 [ma] | 一 | 二 | ま | | | |

| み 미 [mi] | み | み | | | | |

| む 무 [mu] | 一 | む | む | | | |

| め 메 [me] | し | め | | | | |

| も 모 [mo] | し | も | も | | | |

や	っ つ や				
야 [ya]					

ゆ	ゆ ゆ				
유 [yu]					

よ	ˋ よ				
요 [yo]					

[히라가나 청음 清音] 청음은 맑은 소리라는 뜻.

ら	`	ら			
라 [ra]					

り	し	り			
리 [ri]					

る	る				
루 [ru]					

れ	l	れ			
레 [re]					

ろ	ろ				
로 [ro]					

わ	l	わ			
와 [wa]					

を	一	ナ	を		
오 [wo]					

ん	ん				
응 [N]					

[가타카나 청음 ^{清音}] 청음은 맑은 소리라는 뜻.

ア	ラ ア			
아 [a]				

イ	ノ イ			
이 [i]				

ウ	` ` ウ			
우 [u]				

エ	ー T エ			
에 [e]				

オ	ー オ オ			
오 [o]				

カ	フ	カ				
카 [ka]						

キ	ー	ニ	キ			
키 [ki]						

ク	ノ	ク				
쿠 [ku]						

ケ	ノ	ト	ケ			
케 [ke]						

コ	フ	コ				
코 [ko]						

サ	一	十	サ			
사 [sa]						

シ	`	` `	シ			
시 [si]						

ス	フ	ス				
스 [su]						

セ	⼀	セ				
세 [se]						

ソ	`	ソ				
소 [so]						

タ	ノ	ク	タ		
타 [ta]					

チ	ノ	ニ	チ		
치 [chi]					

ツ	丶	丷	ツ		
츠 [tsu]					

テ	ー	ニ	テ		
테 [te]					

ト	l	ト			
토 [to]					

[가타카나 청음 清音] 청음은 맑은 소리라는 뜻.

ナ	一 ナ				
나 [na]					

二	一 二				
니 [ni]					

ヌ	フ ヌ				
누 [nu]					

ネ	、 ラ ネ				
네 [ne]					

ノ	ノ				
노 [no]					

ハ	ノ	ハ				
하 [ha]						

ヒ	ー	ヒ				
히 [hi]						

フ	フ					
후 [hu]						

ヘ	ヘ					
헤 [he]						

ホ	ー	十	才	ホ		
호 [ho]						

[가타카나 청음 ^{清音}] 청음은 맑은 소리라는 뜻.

マ	フ	マ				
마 [ma]						

ミ	`	ミ	ミ			
미 [mi]						

ム	ㄴ	ム				
무 [mu]						

メ	ノ	メ				
메 [me]						

モ	一	二	モ			
모 [mo]						

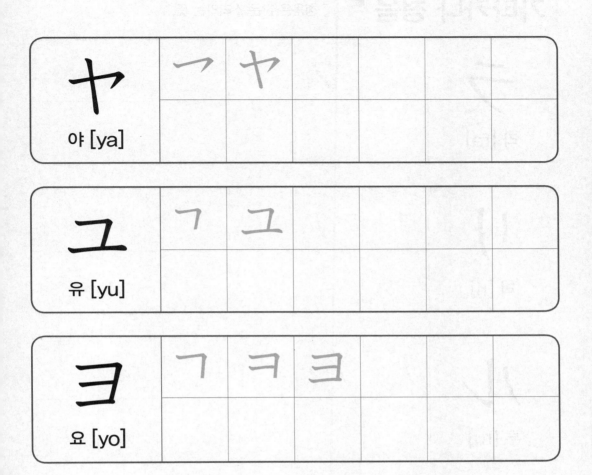

야 [ya]

유 [yu]

요 [yo]

[가타카나 청음 淸音] 청음은 맑은 소리라는 뜻.

ラ 라 [ra]	ー	ラ			

リ 리 [ri]	′	リ			

ル 루 [ru]	ノ	ル			

レ 레 [re]	レ				

ロ 로 [ro]	ㅣ	ㄱ	ロ		

ワ
와 [wa]

ヲ
오 [wo]

ン
응 [N]

[히라가나 탁음 濁音] 'か・さ・た・は'행 글자 오른쪽 상단에 탁점 [゙] 표기

が	が	が	が			
가 [ga]						

ぎ	ぎ	ぎ	ぎ			
기 [gi]						

ぐ	ぐ	ぐ	ぐ			
구 [gu]						

げ	げ	げ	げ			
게 [ge]						

ご	ご	ご	ご			
고 [go]						

ざ	ざ	ざ	ざ			
자 [za]						

じ	じ	じ	じ			
지 [zi]						

ず	ず	ず	ず			
즈 [zu]						

ぜ	ぜ	ぜ	ぜ			
제 [ze]						

ぞ	ぞ	ぞ	ぞ			
조 [zo]						

'か·さ·た·は'행 글자 오른쪽 상단에
탁점 [゛] 표기

だ
だ だ だ
다 [da]

ぢ
ぢ ぢ ぢ
지 [zi]

づ
づ づ づ
즈 [zu]

で
で で で
데 [de]

ど
ど ど ど
도 [do]

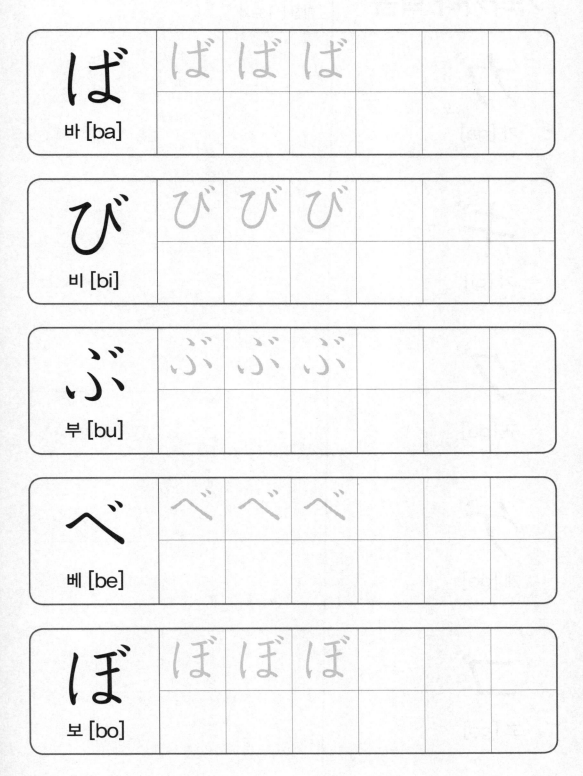

ば	ば	ば	ば			
바 [ba]						

び	び	び	び			
비 [bi]						

ぶ	ぶ	ぶ	ぶ			
부 [bu]						

べ	べ	べ	べ			
베 [be]						

ぼ	ぼ	ぼ	ぼ			
보 [bo]						

[가타카나 탁음 濁音]

'カ·サ·タ·ハ'행 글자 오른쪽 상단에
탁점 [゛] 표기

ガ	ガ	ガ	ガ			
가 [ga]						

ギ	ギ	ギ	ギ			
기 [gi]						

グ	グ	グ	グ			
구 [gu]						

ゲ	ゲ	ゲ	ゲ			
게 [ge]						

ゴ	ゴ	ゴ	ゴ			
고 [go]						

ザ	ザ	ザ	ザ			
자 [za]						

ジ	ジ	ジ	ジ			
지 [zi]						

ズ	ズ	ズ	ズ			
즈 [zu]						

ゼ	ゼ	ゼ	ゼ			
제 [ze]						

ゾ	ゾ	ゾ	ゾ			
조 [zo]						

[가타카나 탁음 濁音]

'カ・サ・タ・ハ'행 글자 오른쪽 상단에
탁점 [゛] 표기

ダ	ダ	ダ	ダ			
다 [da]						

ヂ	ヂ	ヂ	ヂ			
지 [zi]						

ヅ	ヅ	ヅ	ヅ			
즈 [zu]						

デ	デ	デ	デ			
데 [de]						

ド	ド	ド	ド			
도 [do]						

バ
バ バ バ

바 [ba]

ビ
ビ ビ ビ

비 [bi]

ブ
ブ ブ ブ

부 [bu]

ベ
ベ ベ ベ

베 [be]

ボ
ボ ボ ボ

보 [bo]

ぱ	ぱ	ぱ	ぱ			
파 [pa]						

ぴ	ぴ	ぴ	ぴ			
피 [pi]						

ぷ	ぷ	ぷ	ぷ			
푸 [pi]						

ぺ	ぺ	ぺ	ぺ			
페 [pe]						

ぽ	ぽ	ぽ	ぽ			
포 [po]						

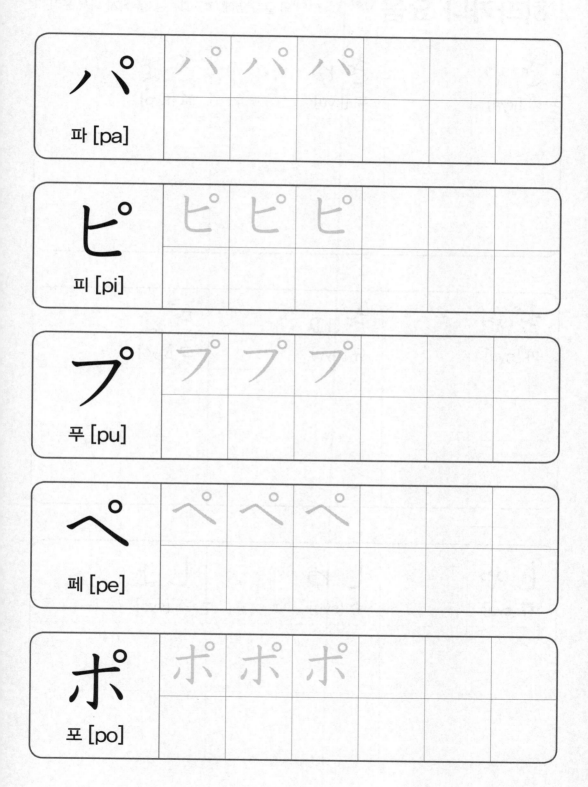

パ
파 [pa]

ピ
피 [pi]

プ
푸 [pu]

ペ
페 [pe]

ポ
포 [po]

[히라가나 요음 ^{拗音}] 'い단'의 글자 옆에 'や·ゆ·よ'를 작게 써서 표기.

きゃ	きゃ	きゅ	きゅ	きょ	きょ
캬 [kya]		큐 [kyu]		쿄 [kyo]	

ぎゃ	ぎゃ	ぎゅ	ぎゅ	ぎょ	ぎょ
갸 [gya]		규 [gyu]		교 [gyo]	

しゃ	しゃ	しゅ	しゅ	しょ	しょ
샤 [sya]		슈 [syu]		쇼 [syo]	

じゃ	じゃ	じゅ	じゅ	じょ	じょ
쟈 [zya]		쥬 [zyu]		죠 [zyo]	

ちゃ	ちゃ	ちゅ	ちゅ	ちょ	ちょ
챠 [chya]		츄 [chyu]		쵸 [chyo]	

にゃ	にゃ	にゅ	にゅ	にょ	にょ
냐 [nya]		뉴 [nyu]		뇨 [nyo]	

33

[히라가나 요음 拗音]

'い단'의 글자 옆에 'や·ゆ·よ'를 작게 써서 표기.

ひゃ	ひゃ	ひゅ	ひゅ	ひょ	ひょ
햐 [hya]		휴 [hyu]		효 [hyo]	

びゃ	びゃ	びゅ	びゅ	びょ	びょ
뱌 [bya]		뷰 [byu]		뵤 [byo]	

ぴゃ	ぴゃ	ぴゅ	ぴゅ	ぴょ	ぴょ
퍄 [pya]		퓨 [pyu]		표 [pyo]	

みゃ	みゃ	みゅ	みゅ	みよ	みよ
먀 [mya]		뮤 [myu]		묘 [myo]	

りゃ	りゃ	りゅ	りゅ	りょ	りょ
랴 [rya]		류 [ryu]		료 [ryo]	

[가타카나 요음 ^{拗音}] 'イ단'의 글자 옆에 'ヤ・ユ・ヨ'를 작게 써서 표기.

キャ	キャ	キュ	キュ	キョ	キョ
캬 [kya]		큐 [kyu]		쿄 [kyo]	

ギャ	ギャ	ギュ	ギュ	ギョ	ギョ
갸 [gya]		규 [gyu]		교 [gyo]	

シャ	シャ	シュ	シュ	ショ	ショ
샤 [sya]		슈 [syu]		쇼 [syo]	

ジャ	ジャ	ジュ	ジュ	ジョ	ジョ
쟈 [zya]		쥬 [zyu]		죠 [zyo]	

チャ	チャ	チュ	チュ	チョ	チョ
챠 [chya]		츄 [chyu]		쵸 [chyo]	

ニャ	ニャ	ニュ	ニュ	ニョ	ニョ
냐 [nya]		뉴 [nyu]		뇨 [nyo]	

[가타카나 요음 拗音] '✓단'의 글자 옆에 'ャ · ュ · ョ'를 작게 써서 표기.

ヒャ	ヒャ	ヒュ	ヒュ	ヒョ	ヒョ
햐 [hya]		휴 [hyu]		효 [hyo]	

ビャ	ビャ	ビュ	ビュ	ビョ	ビョ
뱌 [bya]		뷰 [byu]		뵤 [byo]	

ピャ	ピャ	ピュ	ピュ	ピョ	ピョ
퍄 [pya]		퓨 [pyu]		표 [pyo]	

ミ ャ	ミ ャ	ミ ュ	ミ ュ	ミ ョ	ミ ョ
먀 [mya]		뮤 [myu]		묘 [myo]	

リ ャ	リ ャ	リ ュ	リ ュ	リ ョ	リ ョ
랴 [rya]		류 [ryu]		료 [ryo]	

마음대로 써 보기 일명 빽빽이 연습장입니다...*^.^*